Of Altars and Nests

De Altares y Nidos

POEMS BY ZULEMA MORET

PRECOCITY PRESS

Editor: Brijit Reed
Translators: Fr. Steven Cron (Poetry)
Dr. José Lara (Introduction and Acknowledgments)
Creative Director and Designer: Susan Shankin
Photography: Zulema Moret
Precocity Press, Los Angeles, CA

ISBN: 978-1-7377235-4-7
Library of Congress Control Number: 2021919894
First edition printed in the United States of America

Even the sparrow has found a home,
and the swallow a nest for herself,
where she may have her young—
a place near your altar,
—Psalm 84:3

O Lord, You have deceived me
and I was deceived!
—Jeremiah 20:7

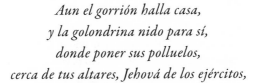

Aun el gorrión halla casa,
y la golondrina nido para sí,
donde poner sus polluelos,
cerca de tus altares, Jehová de los ejércitos,
Rey mío y Dios mío.
—Salmo 84:3

¡Me sedujiste, Señor,
y yo me dejé seducir!
—Jeremías 20:7

Contents

Foreword

The fruit that we have gathered over the years is eventually offered on the altar of our lives. The words and images of a poet capture the gifts of who we are and where we have been.

From the altar of her life, Zulema Moret shares with us the pearls of great price that she has discovered day after day over the decades. In her poetry she shares a balance, a beauty, and a hint of eternity to touch our souls.

She brings an eye for beauty, discovered in artwork and nature.

Her love of language shines through her experience in the many cultures in which she has lived. Her faith has been cracked by the pain and suffering that she has experienced and witnessed, and that same faith has been healed with the goodness of the companions on her journey and the presence of God. She has a confidence in life's story, because God can pick up the pieces and shine light into any darkness. That is where she finds joy in the Beloved.

Ponder with her the meaning of the voice that echoes across time and place, and feel that same voice calling your name. Let the power of Zulema's words bring you comfort.

Shout for joy, sing joyfully, O daughter,
for the Holy One will sing joyfully because of you!
Well done, good and faithful servant!

(adapted from the prophet Zephaniah 3 and Luke 19)

—Sister Diane Zerfas OP
 Coordinator of Dominican Center
 Spirituality Programs
 Grand Rapids, Michigan, USA

Prefacio

El fruto que hemos reunido a lo largo de los años se ofrece en el altar de nuestras vidas. Las palabras y las imágenes de la poeta capturan los regalos de quiénes somos y dónde hemos estado.

Desde el altar de su vida, Zulema Moret comparte con nosotros las perlas de gran valor que ha descubierto día tras día a lo largo de las décadas. En su poesía ella expresa la armonía, la belleza y un hálito de eternidad toca nuestras almas.

Ella posa la mirada sobre la belleza, descubierta ya sea en una producción artística como también en la naturaleza.

Su amor por el lenguaje brilla a través de la experiencia de las variadas culturas en las que ha vivido. En ocasiones su fe ha sido hecha trizas por el dolor y el sufrimiento que ha experimentado y es testigo de que esa misma fe fue sanada por la bondad de sus compañeros durante el viaje y la presencia de Dios. Ella siente seguridad por la historia de su vida porque Dios puede unir las piezas e iluminar la oscuridad, y en ello el Amado encuentra alegría.

Reflexionamos con ella sobre el significado de la voz que se hace eco a lo largo del tiempo y el espacio y sentimos esa misma voz llamando tu nombre. Dejemos que las palabras de Zulema les conforten.

Grita de alegría, canta con goce, Oh Hija,
para el Amado que cantará con alegría por tu causa.
Bien hecho, buena y fiel sirviente.

(adaptado del profeta Sofonías 3 y Lucas 19)

—Sister Diane Zerfas OP
Coordinator of Dominican Center
Spirituality Programs
Grand Rapids, Michigan, USA

Introduction

Altars, Nests, and the Birth of the Poem

Inspiration? Creative energy? Divine energy? These poems are the results of spiritual searches carried out in spiritual retreats, workshops, or during and after moments of meditation in the last fifteen years.

These poems appeared as scribbles in the margins or at the end of each page, and often in spaces where I did not take notes on those pages during workshops. They were sometimes accompanied by drawings or collages, and usually in their rudimentary form, as an outline, in their birth.

Fourteen years ago, I began to attend the *Dominican Center of Grand Rapids* (DCM). I had completed the various courses necessary to become a spiritual director and a Dominican Associate. My journey, which has continued throughout the years, began with appreciating the order's charism and my relationship with the sisters. In addition, I have attempted to share what I learned on my journey about the joy and commitment—that is, the Hispanic community's relationship with God through a series of workshops.

After so many years of searching, this time of pandemic and personal illness have brought me to the understanding that words and images are powerful tools of creation and can bring us closer to God. I have circumscribed in the fabric of words something of the ineffable, of the indefinable—that point in which the word is not enough but wants to speak of a subjective, spiritual, profound, and even *mystical* experience.

In the process of gathering some of my poems for this collection, many doubts arose: What do I put together? What do I include? What do I exclude? Which word best expresses that experience, that life lesson? Then came the ordering of the materials and the proposal of the altar and the nest as their foundational nuclei, a sort of organizer of meanings. Finally, the poems unfold before the altar of words in an almost sacred gesture. As such, they are written after meditation, deep reflection, or a vision, following St. Ignatius.

Many have influenced my work. For example, mystics like Eckhart, St. John of the Cross, and St. Theresa have all served as a foundation. Teilhard de Chardin and his Cosmic Christ have been hugely influential; the conversations with Ernesto Cardenal, when I visited him in Solentiname, were the germ of this search, with his foundational book on mysticism and his *Psalms*. Meister

Eckhart and Teilhard opened other questions from which to approach the complex spiritual experience without leaving aside the imprint of the writings of Thomas Merton or Richard Rohr. It is not about knowing; it is about living. It is not about repeating content; it is about exploring a relational experience and exposing ourselves to that transformation from our deepest self.

In this process of gathering poems for publication, the translation of my work into English was necessary. Also, the dialogue with the translator, Fr. Steve D. Cron, who carefully carried out the transferring of meaning and significance from one language to the other, has been essential. I offer my sincere gratitude to him.

The writing process had other disciplines along the way: painting and photography. All the arts combine to breathe the divine air and that grace that is then expressed in lines, shapes, and colors. In this way, we breathe God and translate that relationship under the different expressions of art.

It is my intention that through study, prayer, and reflection, the reader might be inspired to create and share their own poems to express their own unique and meaningful relationship with God, weaving them into the infinite tapestry of the Universe.

Introducción

Altares, nidos y el nacimiento del poema

¿Inspiración? ¿Energía creativa? ¿Energía divina? Estos poemas son el resultado de procesos de búsqueda espiritual llevados a cabo en retiros espirituales, en talleres, durante o después de momentos de meditación a lo largo de los últimos quince años.

En los bordes de cada página, al final, o en zonas que no pertenecían a las notas tomadas durante un taller o retiro, aparecían con letra rápida, a veces acompañados por dibujos o collages, estos poemas en su estado más rudimentario, en su boceto, en su respirar.

Hace catorce años que comencé a asistir al *Dominican Center of Grand Rapids* (DCM) y he participado de los distintos cursos para ser Directora Espiritual, y luego como Asociada Dominica. El carisma de la orden, la relación con las hermanas, fueron el inicio de un caminar que no se ha detenido a lo largo de estos años. Asimismo, los talleres para la comunidad hispana intentando compartir algo de lo aprendido en ese caminar, que es la relación con Dios, formaron parte de la alegría y el compromiso.

En este tiempo de pandemia y de enfermedad personal, después de tantos años de búsqueda y entendiendo a la creación con la palabra, o con la imagen una herramienta que me acerca a Dios, circunscribiendo en el tejido de las palabras algo de lo inefable, de lo indefinible, ese punto en el que la palabra no alcanza y quiere hablar de una experiencia subjetiva, espiritual, profunda, y por qué no, mística.

He reunido algunos poemas, no todos. Y en este proceso surgieron muchas dudas, qué uno, qué integro, qué separo, qué palabra se ajusta más a esa experiencia, a esa vivencia. Luego vino el ordenamiento de los materiales y la propuesta del altar y del nido como núcleos fundacionales de los mismos, una suerte de organizador de significados. El poema se despliega ante el altar de las palabras, como un gesto casi sagrado, y así se escribe, después de una meditación o de una reflexión profunda, o de una visión, siguiendo a San Ignacio.

Numerosas han sido las influencias, los místicos como Eckhart, San Juan de la Cruz y Santa Teresa de Avila han servido de basamento, la fuerte influencia de Theilard de Chardin y su Cristo cósmico, las conversaciones con Ernesto Cardenal, cuando le visitara en Solentiname, el germen de esta búsqueda, con su libro fundacional sobre mística y sus Salmos. Meister Eckhart, y Theilard abrieron otros interrogantes desde donde acercarme a la compleja experiencia espiritual, sin dejar de lado la impronta de los escritos de Thomas Merton o Richard Rohr. No se trata de saber, se trata de vivenciar, no se trata de repetir contenidos, se trata de explorar desde nuestro yo más profundo una experiencia relacional y de exponernos a esa transformación.

En este proceso de reunir para publicar fue necesario traducirlos al inglés y ha sido muy importante el diálogo con el traductor, el P. Steve D. Cron, quien con sumo cuidado llevara a cabo este traslado de significados de una lengua a la otra. Mi más sincero agradecimiento.

El proceso de escritura tuvo otras disciplinas a lo largo del camino: la pintura, y la fotografía. Todas las artes se conjugan para respirar el aire divino, esa gracia que se expresa luego en líneas, formas, colores. De este modo respiramos a Dios y traducimos esa relación bajo las diferentes expresiones del arte.

Pretendo que a través de la lectura, la oración, la reflexión cada uno de los lectores pueda compartir y crear sus propios poemas, en un proceso individual y único, que es crear sus tejidos de significados de su relación con Dios en el infinito tapiz del Universo.

Altar (l. *altare*)
I will burn incense
I will light a white candle
I will spread the paper as a mantle
Of stars
I will write with austere pencil
Of the wood of the days
There will be no victims or sacrifice
Only words

——— ⌒ ———

Altar (l. *altare*)
Quemaré el incienso
Encenderé la vela blanca
Extenderé el papel como un manto
De estrellas
Escribiré con el lápiz austero
De la madera de los días
No habrá víctimas ni sacrificio
Solo palabras.

1.

With smooth and delicate breath
God breathes
As creator and owner
He calmly selects a field sown
With clovers
By means of that silence
We can hear Him

1.

Con suspiro suave y delicado
Dios respira
Como creador y dueño
Elige un campo sembrado
De tréboles en calma
A través de ese silencio
Lo podemos oír

2.

I can't hear You
Amid the noise of the days
I can't give You space
Amid the weariness of the night
A tenderness envelops my body
Your wings embrace me
My heart trembles.

2.

No puedo escucharte
en el ruido de los días
No puedo darte espacio
en el cansancio de la noche
Una caricia envuelve mi cuerpo
Tus alas me abrazan
Mi corazón tiembla.

3.

What are you saying?
What do you want of me?
What are you bringing about in me?

3.

¿Qué decís?
¿Qué querés de mí?
¿Qué de mi procurás?

4.

To be in balance
To be in profound connection
With Him.
To feel whole
A sense of integrity
knowing what is right
not to doubt
to be happy
not to fight.

———

4.

Estar en equilibrio
En profunda conexión
Con El
Sentirme completa
Un sentido de integridad
Sabiendo lo que está bien
Sin dudar
Ser feliz
Sin luchar.

5.

To listen to others as You
Listen to us?

— ⌒ —

5.

Escuchar a los demás como nos
¿Escuchas?

6.

Broken heart
In pieces of split hemispheres
In inhabited cities
In those who have gone even though
From there they accompany us in these little battles
In plazas and parks where trees embraced each other
And flowers caressed one another
Already dry
In airplanes without return
In old fashioned movie theatres
In ever wetted sidewalks
In the nearness of the beach
That the distance is short by memory
Banalities, broken heart

6.

Corazón partío
En trocitos de hemisferios divididos
En ciudades habitadas
En seres que se fueron aunque
Desde allí nos acompañen en estas batallitas
En plazas y parques donde se abrazaron árboles
Y se acariciaron flores
Ya secas
En aviones sin retorno
En salas de cines caducos
En veredas siempre agujereadas
En la cercanía de esa playa
En la distancia que se acorta en el recuerdo
Banalidades, corazón partío

7.

The song of canaries
Canaries in cages
Canary eggs
"We are spiritual beings on a human road"
He said
Reminiscences of Teilhard
Exiled so many years in China.
Exiled from the law or because of the Law?

The remnants of frost on branches
The reflections of the sun on the snow
The shining sun playing
Hide and seek
With the shade
And I'm throwing stones on this lake
Of the North
Each stone, a pardon.

7.

El canto de los canarios
Los canarios en las jaulas
Los huevos de los canarios
"Somos seres espirituales en un camino humano"
Me dijo
Reminiscencias de Teilhard
Exiliado tantos años en China.
¿Exiliado de la ley o por la Ley?

Los restos del cristal sobre las ramas
Los reflejos del sol sobre la nieve
El brillo del sol jugando
A las escondidas
con la sombra
Y yo arrojando piedras a este lago
Del Norte
Cada piedra, un perdón.

8.

Does the heart break into pieces?
Does the heart hurt? It warns ahead of the departure
Before the good-byes

8.

¿Se rompe el corazón en trocitos?
¿Duele el corazón? Avisa antes de partirse
Frente a las despedidas

9.

In the cosmic night
We inhabit
We weave roads of light
In every direction
We tie destinies
To You, everyone's center
Infinite presence
Love from love
Light from light

9.

En la noche cósmica
Habitamos
Tejemos caminos de luz
En todas las direcciones
Anudamos destinos
A Ti, centro de todos
Presencia infinita
Amor de Amor
Luz de Luz

10.

We turn ourselves to You
We travel roads without direction
Without signals
We detour at times
Until again
A tiny flicker
Blinds
So that we can see
The other Light.

—— ⌢ ——

10.

A Ti nos dirigimos
Transitamos caminos sin dirección
Sin señales
Nos extraviamos a veces
Hasta que de nuevo
Una lucecita brilla
Enceguece
Para poder ver
La otra Luz.

11.

To tense
To adjust
Loose threads
To tighten
To tie
To knot
To tighten
And it doesn't come undone
We tighten the thread
We adjust the plot
Everything transpires
We discover the just measure
Of your love

11.

Tensar
Ajustar
Hilos sueltos
Tensar
Atar
Anudar
Tensar
Y no se rompe
Tensamos el hilo
Ajustamos la trama
Todo transcurre
Descubrimos la medida justa
De tu Amor

12.

God
The sacred weaver of the tapestry
Of life

12.

Dios
Sagrado tejedor del tapiz
De la vida

13.

What we don't know carries me
To the Earth,
We see the tree
But we do not know how deep
Are its roots
Until we look
Into ourselves
Seeking our own

— ⌒ —

13.

Lo que no conocemos me lleva
A la Tierra,
Vemos el árbol
Pero no sabemos cuán profundas
Son sus raíces
Hasta que miramos
Hacia nuestro interior
Buscando las nuestras.

14.

The plots
The distances
The strokes
The braids
Nothing is perfect
All union brings
The space of distance
That small opening
Through which light filters
Only God.

———— ⁀ ————

14.

Las tramas
Los trechos
Los trazos
Las trenzas
Nada es perfecto
Toda unión trae
El espacio de la distancia
Ese huequito
Por donde se filtra la luz
Solo Dios.

15.

The light
Red as a poppy
Giant without a center
Around a green sea
With little yellowish
Points

15.

La luz roja
Como una amapola
Gigante sin centro
Alrededor un mar verde
Con puntitos
Amarillentos.

16.

Blessings
Litanies in the silent
Afternoon
For those who do not love
For those who do not love me
For those who do not know how to love
For those who were not loved
For those who cannot love
For every one
For each one
A knot unties
Leaving and returning
We untie the knots
Of forgiveness

16.

Bendiciones
Letanías en la tarde
Silenciosa
Por los que no aman
Por los que no me aman
Por los que no saben amar
Por los que no fueron amados
Por los que no pueden amar
Por cada uno
Por cada una
Un nudo se desata
Ida y vuelta
Desatamos los nudos
Del perdón

17.

Jesus
Like the women
Walked
Along the peripheries.

——— ⌒ ———

17.

Jesús
Como las mujeres
Andaba
Por las periferias.

18.

Your Cross
Frees me
From my crosses

18.

Tu Cruz
Me libera
De mis cruces

19.

I free myself from you
Angel of death
Inhabitant of the darkness
To make room for the simple
Morning light
Of the Presence

—— ⌐ ——

19.

De ti me libero
Angel de la muerte
Habitante de las oscuridades
Para dar lugar a la sencilla
Luz del alba
A la Presencia

20.

We remove the clothing
The bands
The adornments
To touch the mantle
Like that woman
Who insisted on
And did
Wash the feet
Of those who have
no shoes,
barefoot
in the neighborhood
of the peripheries . . .
We re/form
We trans/form
We change

20.

Nos sacamos los ropajes
Las vendas
Los adornos
para tocar el manto
Como aquella mujer
Que insistió
Y lo logró
para lavar los pies
De los que no llevan
zapatos,
descalzos
en los barrios
de las periferias…
Nos re/formamos
Nos trans/formamos
Nos convertimos

21.

We de/fossilize
From so much ritual
We strip away the weight
Of the repetitions
We empty ourselves of so much judgment
In order to receive you
Finally
In solitude
Of each moment.
In the sound of each
Waterfall
Cascading toward the river,
With its own
Intensity
From that false archaeology
That constructs the Law.

21.

Des/fosilizarnos
De tanto ritual
Des/pojarnos del peso
De las repeticiones
Vaciarnos de tanto juicio
Para poder recibirte
Finalmente
En la soledad
De cada momento.
En el ruido de cada
Cascada
Cayendo hacia el río,
Con intensidad
Propia.
Desde esa falsa arqueología
Que construye la Ley.

22.

Though I cannot hear you
I know that you are here
You insist
You remain
In love.

─ ⌒ ─

22.

Aunque no pueda escucharte
Sé que estás
Insistes
Permaneces
En el Amor.

23.

That mountain of ice
An eye toward the heights
Raises its head toward the heavens
It's your feet in the subterranean ocean
Waters.
Like that mountain of ice
We are anchored to the force
Of emptiness. We freeze up
Return to us a heart
Of flesh. Human.

23.

Esa montaña de hielo
Un ojo hacia las alturas
Eleva su cabeza hacia el cielo
Sus pies en las subterráneas aguas
Oceánicas.
Como esa montaña de hielo
Anclados estamos a la fuerza
Del vacío. Nos congelamos
Retórnanos un corazón de
Carne. Humano.

24.

To hug the tree
To caress the texture
Of its ancestral
Bark
To seek its loving
Presence
The rays of sun
Stream through its branches
Extended
They embrace
Our wounds.
Let me rest my
Forehead on yours
My hands on your
Body.
Clinging to your roots.
To pray.

24.

Abrazarnos al árbol
Acariciar la textura
De su piel
Ancestral
Solicitar su amorosa
Presencia
Los rayos del sol
Se filtran por entre sus ramas
Extendidas
Abrazan
Nuestras heridas.
Déjame apoyar mi
Frente sobre tu frente
Mis manos sobre tu
Cuerpo.
Fijada a tus raíces.
Orar.

25.

To look at the sky
The dance of the constellations
With names of wild beasts
Of maidens
Of nonexistent myths
Only in the skies
As the night advances
They dance to their arrival
Their departure
Downward among the foliage
Nurtured by orchids
My eyes glimmer
Like those of that sad
Panther that hides
Or that jaguar rambling
Through the jungles of time
I braid words like vines
Savage green cords intertwine
And dance with the wind
A soft cry cleans
The wound.

25.

Mirar el cielo
La danza de las constelaciones
Con sus nombres de fieras
De doncellas
De mitos inexistentes
Solo en los cielos
A medida que avanza la noche
Bailan su encuentro
Su despedida
Hacia abajo entre los follajes
Nutridos de orquídeas
Mis ojos refulgen
Como los de esa pantera
Triste que se esconde
O ese jaguar deambulando
Por las selvas de los tiempos
Trenzo palabras lianas
Salvajes cordones verdes se entrelazan
Y también bailan con el viento.
Un suave llanto limpia
la herida.

26.

Look at the valley, brother
The dry bones of death
Dance
Their macabre dance
White the death
Dry
Mountains of bones
leap because of the pain of the days
Where God asks
Where
Over there
Anonymous bodies
Fall
Cross the border
Among poisonous bushes and animals
white is the earth
they will be dry bones soon
Look at the valley, brother
The bones shine in the night
Without hope.
Only God.

26.

Mira el valle hermanito
Los huesos secos de la muerte
Bailan
Su danza macabra
Blanca la tierra
Seca
Montañas de huesos
Brincan por el dolor de los días
Dónde Dios pregunta
Dónde
Más allá
Cuerpos anónimos
Caen
Cruzan la frontera
Entre arbustos y animales ponzoñosos
Blanca la tierra
Pronto huesos secos serán
Mira el valle hermanito
Los huesos brillan en la noche
Sin esperanza.
Sólo Dios.

27.

There is no better banquet than at a table
without luxury or pretension
The soup of your hands, sister *mam*
The laughter of your children, brother *mam*
The blessing of the food at your table
Sanctified by faith
The Presence and the Light
Unite us
Far beyond the bonds of blood
we share banquets we build
Another family,
The kingdom on earth
Each day

27.

No hay mejor banquete que el de la mesa
sin lujo ni pretensión
La sopa de tus manos hermana mam
Las risas de tus hijos hermano mam
La bendición de la comida en tu mesa
Santificada por tu fe
la Presencia y la Luz
Nos unen
Más allá de los contratos de sangre
compartimos los banquetes construimos
la otra familia,
El reino en la tierra
Cada día

28.

Then Jesus said,
"Were not ten made clean?"
Yes, I was the leper, Lord
I looked for you on the beaches of the Caribbean and
I found you through the Mestiza voice
of an already dead Indian woman
She whispered to me in a foreign accent
she blessed me and, in your name,
took me in her arms
I was the leper on the road
Just a wooden board thrown into the sea
without support
No country, no family, nor home
I was the leper, and you anointed my body
With your patience
Of more worth is one lost sheep that returns
Than 99 in the flock
Looking at heaven
And the light that shines through the leaves of the trees,
I was the leper and the wayward sheep
Daring heaven
You anointed me Lord
You honor me with your Presence
The Indian woman looks at me and smiles.
She covers my steps to You
The only possible destination
We will finally meet on the road.

28.

Entonces dijo Jesús:
"¿No eran diez los que quedaron limpios?"
Sí, yo fui la leprosa Señor
Te busqué en las playas del Caribe y
Te encontré tras la voz
Mestiza de una india ya muerta
Ella me susurró con acento extranjero
me bendijo y en tu nombre me tomó entre
sus brazos
Yo era la leprosa en el camino
Sola.
Tabla lanzada al mar sin sostén
Ni país, ni familia ni casa
Yo fui la leprosa y tú ungiste mi cuerpo con
Tu paciencia
Más vale una oveja descarriada,
que retorna mirando el cielo
Que 99 en el rebaño.
Y la luz que se filtra por las hojas de los árboles,
Yo fui la leprosa y la oveja descarriada
Desafiando al cielo
Tú me ungiste Señor
Me honras con tu Presencia
La india me mira y se sonríe.
Sigue cobijando mis pasos hacia Ti
único destino posible
Nos encontraremos al final del camino.

29.

A dark dance surrounds me
The dancers show their jewels
Their stylish clothes
They seek new information
The titles of books and movies
They call me with a seductive gesture
They invite me, they say, to the feast.
The jewels shine in the night
Like a hidden treasure.
I tiptoe
I look at them and show them
My bloody hands
Bleeding hands
I repeat
I can't
I just can't
I can't
Night takes them
In the shadow blood shines
Still moist falling
From my open palms.
The stigmata/his Presence.

29.

Una danza oscura me rodea
Los danzantes muestran sus joyas
Los vestidos de marca
Solicitan información reciente
Títulos de libros y películas
Me llaman con gesto seductor
Me invitan, dicen, a la fiesta.
Brillan las joyas en la noche
Como un tesoro escondido.
Me levanto en puntas de pie
Los miro y les muestro
Mis manos sangrantes
Sangrando
Les repito
No puedo
Ya no puedo
No puedo
La noche se los lleva
En la sombra brilla la sangre
Todavía húmeda cayendo
De mis palmas abiertas.
Los estigmas/ su Presencia.

30.

Let us go out to the garden in the morning
humid with silence
The bells chime the Angelus
From a parted heaven
Like those of this earth
Bleeding heavens falling toward a lake
Broken into pieces.

――― ⌒ ―――

30.

Salgamos al jardín en la mañana húmeda de silencio
Las campanas tocan al ángelus
De un cielo partido
Como los de esta tierra
Cielos sangrantes cayendo hacia un lago
Hecho trocitos.

31.

Ignorant, the birds in the swamp complain
The reeds shake their well/being
I look intently at the passing of the day
A leaf rests on my shoulder
And pushes the earth's horizon
Gritty, almost dry.

—— ⌒ ——

31.

Ignorantes se quejan los pájaros del pantano
Los juncos sacuden su bien/estar
Miro fijamente el transcurrir del día
Una hoja se detiene sobre mi hombro
Y hombrea el horizonte de la tierra
Arenosa, casi seca.

32.

Let nothing disturb you
Let nothing touch you
Walk on tiptoe
Over the lace of the days
There are openings that let in the wind
Ferocious with desires

—— ⌒ ——

32.

Nada te altere
Nada te toque
Camina en puntillas
Sobre el encaje de los días
Hay huequitos por donde se filtra el viento
Feroz de los deseos

33.

Take the dust from my eyes
Teresa, take it from me
So I can see the Light
As I cross the border
As I arrive at the second dwelling.
May I see the opaque
May I transit the darkness
Dare the curses
Because only God is able
In this daily battle
Only Him.

—— ⌒ ——

33.

Que me quites el polvo de los ojos
Teresa, que me lo quites
Para poder percibir la Luz
Al cruzar la frontera
al llegar a la segunda morada.
Que pueda ver lo opaco
Transitar lo oscuro
Desafiar los maleficios
Porque sólo Dios puede
En esta batalla cotidiana
Sólo El.

34.

This little piece of heaven
Doesn't remember another heaven
I have simply
Changed hemispheres

———— ⌒ ————

34.

Este trocito de cielo
no rememora otro cielo
simplemente
He cambiado de hemisferio

35.

Shivering
Dressed in grey
The fog
The mountains

35.

Tiritando
viste de gris
la niebla
las montañas

36.

The sparrow
Flies over
The anticipation
Of the night
And it is winter

———

36.

El gorrión
Sobrevuela
El anticipo
De la noche
Y es invierno

37.

So many little pebbles
The ant walks upon
The road is long

37.

Tantas piedrecitas
anda la hormiga
es largo el camino

38.

A great wall braided in wood
Keeps me from seeing the light
To clear my judgments of weeds
The little rages
The anger accumulated through the years
To trim the bushes covering the wood
To leave interstices through which
To breathe
God
Miniscule.

— ❧ —

38.

Una gran pared de madera trenzada
Me impide ver la luz
Limpiar la maleza de los juicios
Las rabietas
La ira acumulada por los años
Podar los arbustos sobre la madera
Dejar intersticios por donde
Respirar a
Dios
Minúsculamente.

39.

I pass through the woods
I sing to the marvels of creation
The expectant deer
The cardinal with its song
The nakedness of the branches
The frogs and ducks
The swamp bog with vines
Reaching to the sky
Populated with clouds
Without shame.

— ⌢ —

39.

Paseo por el bosque
Canto a las maravillas de la creación
Los ciervos expectantes
El cardenal con su canto
La desnudez de las ramas
Las ranas y los patos
En el pantano con juncos
Elevándose hacia el cielo
Poblado de nubes
Sin vergüenza.

40.

Sandstorms
Come and go
Cover the glass of the
Windows
I can't see
There is neither fear nor anxiety
Only waiting.

40.

Unas ventiscas de arena
Vienen y van
Cubren los cristales de los
Ventanales
No puedo ver
No hay miedo ni angustia
Solo espera.

41.

In which dwelling place
are you waiting for me?

41.

*¿En cuál de las moradas
me esperas?*

42.

Barriers that don't allow us to see the light
Red blood stains
Like roses
Windows that open
Dark sands
That slip through the cracks.

42.

Barreras que no dejan ver la luz
Manchas rojas de sangre
Como rosas
Ventanas que se abren
Arenas oscuras
Filtrándose por las grietas.

43.

Like a tapestry
We see the final result only
When we turn it around
So, too, the soul.

43.

Como un mosaico
Solo vemos el resultado final
Cuando lo damos vuelta
Así es el alma.

44.

The door
To close the door without making a sound
And without complaints
Without scandal
To close the door on tiptoe
To open another door
The one that leads me
To You.

———— ⌒ ————

44.

La puerta
Cerrar la puerta sin ruido
Y sin quejas
Sin escándalo
Cerrar la puerta en puntillas
Para abrir la otra puerta
La que me conduce
A Ti.

45.

To forgive is to close a door
Seven times seven
Seventy times seven
To open the door to a new life
Without stones weighing on one's back
Being smoothened as by the
Sandstorm.

45.

Perdonar es como cerrar una puerta
Siete veces siete
Setenta veces siete
Abrir la puerta a una nueva vida
Sin piedras pesando en la espalda
Deslizándose como ante la
Ventisca.

46.

Lord, take this chalice from me
This pain
This crack
I walk through the desert
There are thorn bushes
I walk through the desert
My hands burn
My palms throb
A burning heart.

— ⌒ —

46.

Señor, aparta de mi este cáliz
Este dolor
Esta grieta
Camino por el desierto
Hay arbustos espinosos
Camino por el desierto
Me queman las manos
Late el centro de la mano
Un corazón ardiendo.

47.

God sews invisible threads
Of the soul
In his knots inhabit
Those we have
Loved and are no longer here.

47.

Dios teje los hilos invisibles
Del alma
En sus nudos habitan los
Seres que hemos
Amado y ya no están.

48.

It is night
A woman draws near to the edge of the water
She carries a torch in her hand
A tenuous light reverberates
She seeks the truth in the swamp
A message, a sign
The woman asks for
The woman walks alone in the night
The moon shines on the water
With torch in hand the woman looks for the path
She arrives at a city
There is silence
No one speaks, there is no one.
She carries the torch in her hand
In the darkness
Resounds the word
Salvation.

48.

Es de noche
Una mujer se acerca a la orilla del agua
Lleva una antorcha en la mano
Una luz tenue reverbera
Busca la verdad en el pantano
Un mensaje, una señal
Pide la mujer
La mujer camina en la noche sola
La luna brilla en el agua
La mujer busca con la antorcha un camino
Llega a una ciudad
Hay silencio
Nadie habla, no hay nadie.
Lleva la antorcha en la mano
En la oscuridad
Resuena la palabra
Salvación.

49.

A whirlwind, a hurricane in the night
In the background
In that hole
I find myself
Embracing myself
Waiting
A sign
A message
A word

———— ⌒ ————

49.

Un torbellino, un huracán en la noche
En el fondo
En ese hueco
Me encuentro
Abrazada a mí misma
Esperando
Una señal
Un mensaje
Una palabra

50.

Jonah and the rock in his stomach.
Three days
Three nights
In the darkness

—— ⌒ ——

50.

Jonás y la piedra en el estómago.
Tres días
Tres noches
En la oscuridad

51.

From the stone of anger
A flower blossoms.
It is compassion.

51.

De la piedra del enojo
Nace una flor.
Se llama compasión.

52.

Can we sing songs to the Lord
In a foreign land?
In which language? With what rhythm?

52.

¿Cantar nosotros canciones al Señor
en tierra extraña?
¿En qué lenguas? ¿Con qué ritmos?

53.

In the fleetingness of those
Snowflakes
Flying toward the sleeping
Lake
That is how we will leave this
Place
Will we make a sound?

—— ⌒ ——

53.

Con la fugacidad de esos
Copos de nieve
Volando hacia el lago
Dormido
Así nos iremos de este
paraje,
¿Haremos ruido?

54.

Altars
Are nests
On the Earth

54.

*Los altares
son nidos
sobre la tierra*

55.

These altars
In the forest
Nests of love
For
Angels
Children
Playing
At the edge
Of dawn

55.

Estos altares
En el bosque
Nidos de amor
Para
Ángeles
Niños
Jugando
A la vera de
los días

56.

With whom do
The bear, the squirrel
The ecstatic bird
Robed
For the mist
Of winter
Dialogue?

— ⌒ —

56.

¿Con quiénes dialogan
El oso, la ardilla,
El pájaro estático
abrigados
por la bruma
del invierno?

57.

It would do no good to cry out
In the middle of the desert
If my language were
Foreign to these people
And to my people.

———— ⁓ ————

57.

De nada serviría que gritara
En el medio del desierto
Si mi lengua fuera
Extraña a esta gente
Y a mi pueblo.

58.

To return to You
Again and again
At each step
And in each movement
There is a personal dance
Unique
What comes from You
Is reborn in each
Moment
And in us is reborn
The Spirit of Love
There is no word
That suffices
To name you.

58.

Volver a Ti
una y otra vez
a cada paso
y en cada movimiento
en una danza personal
única.
Lo que viene de Ti
Renace a cada
Instante
Y nos renace
Espíritu de Amor
No hay palabra
Que alcance
Para nombrarte.

59.

Today you caressed
My soul, Lord
And I forgot the confinement
Of five days of polar cold
And I felt your warmth in my hands
And I gave myself over to the calm
Of your Presence
I loved this community
Of yours
That celebrates you
And sings, sings, sings.
There, everything seemed so simple,
Between morning lights
You with us, in Bread and Wine.
As I left you accompanied me
In this Love in which
We remain
So unconditional
So intimate
And secret.

59.

Hoy me acariciaste
El alma, Señor
Y olvidé el encierro
De cinco días de frío polar
Y sentí tu calor en mis manos
Y me entregué a la calma
De tu Presencia
Y amé a esta comunidad
Tuya
Que te celebra
Y canta, canta, canta.
Allí, tan simple todo parecía,
Entre fulgores matutinos
Tú con nosotros, en el Pan y el Vino.
Al salir me acompañaste
En este Amor que
Nos guardamos
Tan incondicional
Tan íntimo
Y secreto.

60.

The frozen pond reflected a green tone
And the snow all around reminded me
Of the whiteness of
The unreachable.

———— ⌢ ————

60.

El estanque helado reflejaba un tono verdoso
Y la nieve por doquier me recordaba
La blancura de
Lo inalcanzable.

Acknowledgments

"Thank you" is the perfect prayer, according to Meister Eckhart, and this book owes many my gratitude.

I send my thanks to Sister Trinidad Duque of the Consolata Order, for her unconditional support of my ideas and projects, which were reflected in actions within the Hispanic community of Grand Rapids.

During these years, the dialogues with the Dominican Sisters of Grand Rapids were of great sustenance and nourishment for my spirit when I was sometimes tired of academic life. I have received so many lessons for my soul and for my spirit from so many people that it would be impossible to mention all of the names, topics, reflections, and abundances received. A thousand thanks for each shared space, for love, and for listening.

I offer my thanks to the associates and Dominican Associates who, through meetings, courses, and workshops, nurtured the commitment and shared enthusiasm and ideas.

This book would not be possible without the precious translation of Fr. Steve (Esteban).

I wish to thank Sister Mary Kay Oosdyke for her careful revision of the translation.

I'd like to thank Sister Diane Zerfas in particular. She has been my patient and gentle spiritual director for many years, and it is her pages that introduce this book.

To the community that was a living river of love during times of sickness and isolation, especially Antonio Temaj and the Charismatic Renewal groups, I offer my gratitude. I also thank Macario, Yolanda, and other brothers and sisters in faith.

Finally, I wish to thank Denise Shankin, who read the book during its first developmental stage, for her nurturing perspective and encouragement, as well as its publisher, Susan Shankin, for her attentive reading, guidance, and wise suggestions.

Agradecimientos

"Gracias," era la oración más perfecta según Meister Eckhert, y este libro debe muchos agradecimientos.

A la Hna. Trinidad Duque de la Orden de la Consolata, por su apoyo incondicional a mis ideas, proyectos, que se reflejaron en acciones en el marco de la comunidad hispana de Grand Rapids.

Durante estos años los diálogos con las hermanas Dominicas de Grand Rapids, fueron de gran sustento y nutrición para mi espíritu a veces cansado de la vida académica, muchos han sido los aprendizajes para el alma, para el espíritu y sería imposible repetir los nombres, los temas abordados, las reflexiones, lo mucho recibido en ese espacio y con ellas. Mil gracias por cada espacio compartido, por el amor y la escucha.

A los asociados y asociadas dominicos quienes a través de encuentros, cursos, talleres alimentaron el compromiso y compartieron entusiasmos e ideas.

Sin la preciosa traducción del P. Steve (Esteban) y sin la cuidadosa revisión de la traducción por la Hna. Mary Kay Oosdyke, este libro no sería posible.

En especial a la Hna. Diane Zerfas, mi directora espiritual durante muchos años, paciente y sutil, cuyas páginas introducen este libro.

A la comunidad que fue un río vivo de amor durante tiempos de enfermedad y aislamiento, en especial a Antonio Temaj y los grupos de Renovación Carismática. Gracias a Macario, Yolanda, Isabel y otros hermanos y hermanas en la fe.

Al ojo crítico y nutricio de la asociada Denise Shankin, quien leyera el libro durante la primera etapa de organización y me estimulara a su publicación

A su editora, Susan Shankin, por su atenta lectura, su acompañamiento, y sus sabios consejos.

About the Author

ZULEMA E. MORET was born in Buenos Aires (Argentina). She has a Phd in Latin American Literature. She has published children's books, pedagogy essays, narratives, and cultural and art critiques, as well as her collections of poetry and short stories, including *Noche de Rumba* (short stories), *Dream Catcher* (Poetry), *Grayness* (Poetry), *Barely Epic* (Poetry), *An Angel at the Edge of a Burning Volcano* (Poetry), and *The Woman of the Stone: Poetry Collection.* Her work was translated into French, English, Italian, Catalan, and German. She has participated in many Poetry Festivals, readings, and women's writers conferences in Austria, Spain, Argentina, France, Germany, India, México, and USA.

She is spiritual director and specialist in Expressive Languages, as well as professor of Latin American literature and culture at Grand Valley State University. She has lived in Argentina, Venezuela, Germany, Spain, and USA.

Sobre la Autora

ZULEMA E. MORET, nace en Buenos Aires (Argentina). Doctora en Literatura Latinoamericana. Ha publicado libros para niños, ensayos pedagógicos, narrativa, crítica cultural y de arte.

Entre sus obras creativas encontramos: *Noche de rumba* (Cuentos), *Cuaderno de viaje solitario* (Poesía), *Cazadora de sueños* (Poesía), *Lo gris* (Poesía), *Apenas épica* (Poesía), *Un ángel al borde de un volcán ardiendo* (Poesía), *Poemas del desastre* (Poesía) y *Poesía reunida. La mujer de la piedra* (Poesía). Su obra ha sido traducida al francés, inglés, italiano, catalán y alemán. Ha participado de festivales de poesía y encuentros de escritoras en Austria, España, Argentina, Francia, India, EEUU, México, Alemania, etc.

Es Directora Espiritual y especialista en Lenguajes Expresivos. Ha sido Profesora Titular de Literatura y Cultura Latinoamericana en Grand Valley State University. Ha residido en Argentina, Venezuela, Alemania, España y EEUU

Made in the USA
Monee, IL
08 November 2021

80909540R00065